10 Lições sobre
RAWLS

Dados Internacionais de Catalogação na Publicação (CIP)
(Câmara Brasileira do Livro, SP, Brasil)

Lima, Newton de Oliveira
  10 lições sobre Rawls / Newton de Oliveira Lima. –
Petrópolis, RJ : Vozes, 2019. –
(Coleção 10 Lições)

  Bibliografia.

  1ª reimpressão, 2020.

  ISBN 978-85-326-6021-3

  1. Justiça – Teoria 2. Rawls, John, 1921-2002.
Teoria da Justiça 3. Sociologia – Filosofia
I. Título. II. Série.

18-22842   CDD-300.1

Índices para catálogo sistemático:
1. Soiciologia : Filosofia   300.1

Iolanda Rodrigues Biode – Bibliotecária – CRB-8/10014

Newton de Oliveira Lima

10 Lições sobre
RAWLS

EDITORA
VOZES

Petrópolis

© 2019, Editora Vozes Ltda.
Rua Frei Luís, 100
25689-900 Petrópolis, RJ
www.vozes.com.br
Brasil

Todos os direitos reservados. Nenhuma parte desta obra poderá ser reproduzida ou transmitida por qualquer forma e/ou quaisquer meios (eletrônico ou mecânico, incluindo fotocópia e gravação) ou arquivada em qualquer sistema ou banco de dados sem permissão escrita da editora.

CONSELHO EDITORIAL

Diretor
Gilberto Gonçalves Garcia

Editores
Aline dos Santos Carneiro
Edrian Josué Pasini
Marilac Loraine Oleniki
Welder Lancieri Marchini

Conselheiros
Francisco Morás
Ludovico Garmus
Teobaldo Heidemann
Volney J. Berkenbrock

Secretário executivo
João Batista Kreuch

Editoração: Elaine Mayworm
Diagramação: Sheilandre Desenv. Gráfico
Revisão gráfica: Alessandra Karl
Capa: Editora Vozes
Ilustração de capa: Studio Graph-it

ISBN 978-85-326-6021-3

Editado conforme o novo acordo ortográfico.

Este livro foi composto e impresso pela Editora Vozes Ltda.

Sumário

Introdução, 7

Primeira lição – Vida e obra, 13

Segunda lição – O que é justiça para Rawls, 19

Terceira lição – A justiça como igualdade, 29

Quarta lição – A razão pública como conceito político e jurídico, 39

Quinta lição – O conceito de *afirmative actions* e o papel construtivo do judiciário, 45

Sexta lição – Rawls e a ideia de liberdade, 49

Sétima lição – Um debate com os comunitaristas: liberdade ou engajamento?, 59

Oitava lição – A democracia em questão no pensamento de Rawls, 69

Nona lição – A questão do Direito Internacional em Rawls, 75

Décima lição – A herança de Rawls: um pensamento democrático e discursivo, 83

Conclusão, 87

Referências, 89

Introdução

Regimes que não optam pela *liberdade* e pela *igualdade* da população carecem de legitimidade e geram fortes conflitos de poder ao privar seus cidadãos desses dois importantes paradigmas de justiça. O pensamento de John Rawls tem grande importância em contextos assim.

Quando um povo se despede da justiça como igualdade e da liberdade política e não tolera diferentes grupos que concorrem ao poder, isso se torna um reforço para o poder do Estado. No século XX, o Estado se agigantou e tal fato não necessariamente implicou em melhoria nas condições de vida das pessoas. A intervenção estatal gerou um poder muitas vezes centralizador e tornou o cidadão dependente de recompensas, como a distribuição de renda, a prestação de serviços públicos, entre outras. O papel do cidadão na construção de um modelo de justiça foi minimizado, e o filósofo norte-americano John Rawls, professor da Universidade de Harvard, foi um dos grandes pensadores que alertaram para esse problema.

A defesa dos princípios da liberdade e da igualdade como centrais no sistema jurídico, e do princípio da justiça como equidade como fundamento de qualquer instituição social[1], fez de Rawls um dos grandes defensores da liberdade política igualitária. Suas ideias tiveram consequências teóricas vastas, mas também apropriações práticas importantes, com a implementação de modelos de políticas públicas que resgatassem da desigualdade camadas marginalizadas da população (indivíduos sem acesso ao trabalho digno, pessoas sem educação básica etc.), de cooperação entre Estado e cidadão para desenvolvimento de cooperativas de deliberação pública, de gestão pública participativa e de orçamento participativo, entre outras.

O liberalismo político e a teoria da justiça desenvolvidos por Rawls representam marcos para a Filosofia Política, a Ciência Política e a Filosofia do Direito. Seu pensamento e suas finalidades igualitárias inspiraram diversas correntes na Filosofia e na Ciência Política, e também movimentos pelos direitos civis e políticos igualitários, primeiro nos Estados Unidos da América e depois em outras nações.

Por essas razões, já se vê a importância da filosofia de Rawls. Assim, pretendemos realizar uma leitura precisa do seu pensamento, analisando o núcleo de suas ideias. Buscaremos também mostrar os

---

1. RAWLS, J. *Uma teoria da justiça*. São Paulo: Martins Fontes, 2002b, p. 3. Entende-se por "justiça como equidade" a busca da igualdade em cada caso particular.

debates filosóficos de Rawls com grandes nomes do mundo intelectual contemporâneo, como Habermas, Nagel, Sandel, Nozick, dentre outros, que o fizeram mudar pontos de sua teoria e procurar novos horizontes para o liberalismo político (cf. principalmente as lições sexta e sétima).

O conceito de liberalismo político leva em conta a moral e a política de um povo para a implementação do conjunto de liberdades básicas (direito de ir e vir, crença livre, voto etc.), não o reduzindo meramente a um sistema de defesa de liberdades econômicas (livre iniciativa, livre produção e livre circulação de bens). A finalidade do pensamento de Rawls é planejar um modelo no qual liberdade e igualdade consigam conviver em uma sociedade cada vez mais plural e distanciada de conceitos absolutos (uma religião, uma moral, uma arte ou mesmo um direito comuns), mas centrada na força de laços políticos e jurídicos integradores. O objetivo último é garantir a todos o direito de se expressar e de crer naquilo que cada qual decide, sem esquecer que o fim das instituições é garantir a oportunidade de progresso moral e material a todos.

Rawls[2] defende que somente a justiça social assegura a igualdade de oportunidades aos indivíduos,

---

2. Ibid., p. 5.

deixando-os em um patamar de liberdade igual capaz de favorecer a cooperação social. Não há como se conceber a ideia de justiça de modo abstrato sem que se tenha critérios de distribuição de bens e garantia de direitos a serviço dos valores e princípios constitucionais de um povo. O pensamento de Rawls marcou um esforço de democratização do Estado e contemplou o problema da justiça, questão central para uma Filosofia do Direito que pensa a aproximação entre o cidadão e Estado.

O justo para Rawls deve deixar de ser aquele saber da consciência de um juiz ou do soberano privilegiado e se tornar o procedimento de justificação racional e público, com a tolerância às diferenças, a partir do esforço de argumentação pelos cidadãos como fator fundamental. O fim da argumentação jurídica em Rawls é a construção de um procedimento de justificativa de posições políticas plurais (i.e., que envolva os diversos setores da sociedade) e tolerantes, que seja capaz de deliberar com base nos princípios de justiça (igualdade, cooperação e liberdade). Essa mudança na forma de fundamentação do justo, tornando-o político e igualitário, mostra a verdadeira revolução que Rawls aprega na estrutura da justiça, alargando o caráter participativo do cidadão na fundamentação da justiça, incluindo aqueles que tradicionalmente não estavam inclusos no processo de formação do justo, as chamadas "minorias", os grupos marginalizados e não dominantes da sociedade.

Rawls transforma a justiça de um saber de poucos virtuosos em um procedimento democrático acessível a todos, com as posições públicas sendo justificadas com base em argumentos postos pela liberdade de cada pessoa de discursar livre e igualmente e de buscar o consenso em torno dos princípios de justiça[3]. Para Rawls, a ideia era suspender a concepção de valores prévios de cada pessoa, por meio do famoso "véu da ignorância" (cf. as lições quarta e sexta), de modo que o procedimento construtivo da justiça deixe de ter direcionamentos prévios de valores dominantes[4], abrindo espaço para a livre discussão de fins políticos nas instituições.

O problema da democracia como procedimento também surge, dado que a democracia não pode permanecer como algo imposto por sábios portadores da justiça ou por elites sociais, mas deve ser construída pelo discurso dos cidadãos perante as instituições. Na democracia devem ser respeitados os princípios previstos na Constituição, os quais precisam ser assegurados por um tribunal constitucional (cf. lição oitava).

---

[3]. RAWLS, J. *Justiça e democracia*. São Paulo: Martins Fontes, 2002a, p. 57.

[4]. Ibid.

Rawls defende ainda a ideia de uma cultura de paz e de democracia em nível global e, assim como Immanuel Kant[5], uma cultura cosmopolita (universal), onde um conjunto de povos tolerantes e livres tende a se associar a fim de sedimentar um esforço em torno de objetivos comuns de paz e tolerância. Sem isso, o esforço de pacificação e os direitos humanos estariam enfraquecidos diante do fenômeno da globalização, do terrorismo e das guerras entre nações. É o que Rawls desenvolve em uma de suas últimas obras, *O Direito dos Povos*, como se pode observar na nona lição.

Esses são os pontos centrais introdutórios que desenvolveremos nas lições e que representam uma visão geral dos temas basilares do pensamento de John Rawls.

---

5. KANT, I. *A paz perpétua e outros opúsculos*. Lisboa: Ed. 70, 2004, p. 23ss. Kant defendeu a ideia de uma federação de nações como núcleo do Direito Cosmopolita, que teria a finalidade de pacificação universal pela implementação do direito de hospitalidade entre os povos (qualquer pessoa poderia, para Kant, circular livremente por qualquer país), dever dos Estados de abolirem exércitos permanentes, e republicanização dos Estados por meio da instauração em cada qual de uma Constituição votada por um parlamento eleito pelo povo (democrática).

Primeira lição

Vida e obra

John Rawls (nasceu em Baltimore, Maryland, EUA, 21/02/1921 – faleceu em Lexington, Massachusetts, EUA, 24/11/2002) foi um dos mais relevantes filósofos morais e políticos do século XX. Praticamente a Filosofia Política no pós-II Guerra Mundial renasce sob a influência de Rawls e de seu trabalho reconstrutivo de um conceito central: a ideia de "contrato político", que forma uma sociedade com fins de promover a justiça social e a liberdade política do cidadão. Com o fim da II Guerra e diante de toda a desumanização ocorrida, procurava-se repensar a noção de liberdade individual. Rawls, ao publicar *Uma teoria da justiça* em 1971, retomou o valor da liberdade associando-o, porém, a outro valor: o da igualdade.

Fato marcante na trajetória de Rawls – que moldou sua formação e que o situou no paradigma de defesa da liberdade e dos direitos civis – foi a influência de seu pai William Lee Rawls, advogado do Partido Democrata. Rawls teve sólida formação filosófica, bacharelando-se em Filosofia em Princeton (1943), especialmente em filosofia moral, área na qual concentrou seu Ph.D. pela Universidade de Princeton (1950), onde também lecionou. Depois tornou-se catedrático na Universidade Cornell (1953), e em seguida no Massachusetts Institute of Technology (1960), até que se fixou em 1962 na Universidade de Harvard.

Sua esposa, Margareth Warfield Fox, foi uma grande contribuidora de sua obra, ajudando-o em seus escritos e incentivando sua participação em movimentos de reivindicações de direitos.

Como dito, sua primeira grande publicação foi *Uma teoria da justiça*, em 1971. Nesta obra ele apresenta um programa de justiça aplicável para uma sociedade democrática, cujos valores centrais definidores do justo são a liberdade e a igualdade. Ele frisa principalmente a necessidade de uma teoria da distribuição de bens com fins sociais, de bens primários (aqueles necessários à sobrevivência imediata) e secundários (os que servem para os indivíduos se desenvolverem integralmente) – sem igualdade, a liberdade "clássica" do liberalismo, formada no século XVIII, perde o sentido no pós-II Guerra Mundial (1945).

As críticas que Rawls recebeu sobre sua teoria da justiça foram respondidas ao longo das décadas de 70, 80 e 90 do século XX com espírito construtivo e colaborador. Rawls seguiu refletindo e atualizando sua obra, procurando absorver as críticas e colaborações num sentido reformista de suas ideias.

Rawls foi um professor que marcou o destino da Universidade de Harvard, onde exerceu a parte mais importante de sua carreira acadêmica. Notabilizou-se como um defensor das causas politicamente corretas, dos direitos humanos e das minorias. Lecionou em Harvard de 1962 a 1991, data em que se aposentou.

Foi consultado por movimentos sociais, foi ativista político e deu promissoras contribuições no campo da pesquisa da Ética, do Direito e da Política. Sua perspectiva foi de uma inovação de paradigmas para um mundo mais justo e igualitário.

No campo jurídico, Rawls se posicionou em defesa da *justiça como equidade* (justiça para o caso concreto), em seus princípios da *liberdade igual* (tratar, no contrato político, todos os indivíduos previamente como iguais aos outros, com o direito de acesso aos bens existentes em uma sociedade) e da *liberdade da diferença* (reconhecer as condições pessoais especiais e peculiares a cada indivíduo). Pelo princípio da *liberdade igual*, pressupõe-se que sociedades razoáveis preservem as liberdades de todos como condição necessária, mas não suficiente, para uma ordem social justa. Ou seja, não basta assegurar liberdades individuais sem uma função social para as mesmas. Já as exigências de *justiça como equidade* para todos deverão ser discutidas publicamente, e apenas critérios distributivos previstos em lei e efetivados por via judicial, como resposta a fins políticos dos cidadãos, poderão atender à necessidade de equilíbrio social igualitário, não apenas de liberdade individual – indo além das liberdades básicas e buscando igualdade entre os indivíduos.

O principal livro no qual Rawls sistematiza sua posição constitucional é *O liberalismo político*, de 1993[6], um verdadeiro marco na defesa de uma democracia sustentada na promoção da igualdade. Nessa obra, coloca-se a possibilidade de resolver conflitos políticos por meio do tribunal constitucional (a corte que julga as disputas constitucionais como última instância)[7], decidindo pela efetivação de direitos constitucionais que promovam a igualdade entre os cidadãos.

Outra ideia fundamental é que o liberalismo não pode mais ser "abrangente" como o liberalismo "clássico" de John Stuart Mill ou de Immanuel Kant nos séculos XIX e XVIII, respectivamente. As defesas racionais da liberdade não possuem sen-

---

6. Publicado pela *Columbia University Press*, que o reeditou em 1996 e 2005 com importantes reformulações do autor.

7. RAWLS, J. *O liberalismo político*. São Paulo: Martins Fontes, 2012, p. 272ss.

tido se não forem consideradas as diferenças entre as pessoas, ao invés de se pretender instaurar uma liberdade universal e padronizada para todos.

No campo político, Rawls se notabilizou como defensor de liberdades básicas expressas, como o direito à crença, ao trabalho, ao voto, entre outras. Essas liberdades mencionadas são a base do desenvolvimento moral e político das pessoas, mas deve haver também uma promoção de outras condições a um patamar qualitativo de igualdade (combate à pobreza a partir de ações do governo, por exemplo).

Assim, a liberdade política no liberalismo político de Rawls não possui fundamentação puramente racional ou moral, mas é um conceito de liberdade completamente baseado na experiência e na realidade política da sociedade. Para Rawls, junto com a liberdade política, as necessidades de distribuição de bens e a resolução de valores em conflito devem encontrar um "equilíbrio refletido" politicamente através de um "consenso sobreposto" (acordo sobre posições diferentes que se acomodam).

Na verdade, Rawls[8] mostra que o liberalismo político não defende uma única visão de um Bem Maior a ser atingido pela razão universal, mas compreende que as concepções de bem são conflitantes

---

8. RAWLS, J. *Justiça e democracia*. São Paulo: Martins Fontes, 2002a, p. 238.

entre si. Saber tolerar a diferença entre as maneiras de se conceber bens, e distribuir com igualdade e cooperação esses bens, evita a imposição de ideias de justiça a partir de tiranias institucionais[9].

Em 2002, publicou o livro *Justiça como equidade – uma reformulação*, reunindo uma série de reflexões que sintetizam posições previstas nos escritos acima detalhados. A obra está incompleta por causa da saúde já debilitada do filósofo, que viria a falecer ainda em 2002. Ele morreu sendo reconhecido como um dos maiores defensores da liberdade igualitária no mundo.

---

9. Ibid., p. 337.

Segunda lição
O que é justiça para Rawls

Pretendemos mostrar nesta segunda lição os aspectos centrais da temática que foi o objeto da obra de Rawls de 1971 (*Uma teoria da justiça*), temática pela qual ele ficou mundialmente conhecido: sua análise da justiça como conceito político. Ele reformulou o conceito de justiça para se tornar algo situado além da busca de liberdade e igualdade, mas frisando sua base política na luta efetiva e histórica das forças sociais em conflito.

Justiça não seria algo com base moral como imaginou Austin, pensador inglês do século XIX, o qual proclamou que a Constituição seria a "moral positivada em leis". A justiça, para Rawls, também não deveria apelar para a relatividade moral do justo e sua encampação pelo Estado, como propôs o jurista austríaco Hans Kelsen[10] – essa teoria de

---

10. KELSEN, H. *O que é Justiça?* São Paulo: Martins Fontes, 2001, p. 22. É irracional a natureza humana, e não se possui uma regra racional que a comande. Logo, o problema dos valores é o próprio conflito inerente aos mesmos.

Kelsen reduziria a justiça a um sentimento ou valor completamente subjetivo e emocional, apenas um ponto de vista do sujeito que só encontraria força se posta na legalidade.

Para Rawls, a justiça deve servir como meio para a interpretação dos princípios constitucionais eleitos livremente por uma sociedade razoável (tolerante com as diferenças entre os grupos sociais) e dentro de condições históricas decorrentes de lutas políticas. Rawls confere um caráter objetivo ao justo, que não se presta a interpretações relativas à vontade de um mero grupo político isolado, mas transforma a justiça em produto de um discurso que depende de condições políticas para se efetivar.

Rawls jamais apelou para uma justiça que fosse além dos limites constitucionais. Democracia constitucional para ele é democracia limitada às condições pelas quais o pacto constitucional foi estabelecido. Esse é o próprio marco no qual se encontram os sujeitos para acordarem o pacto político fundante de uma sociedade.

Partindo de Kant e de Aristóteles, Rawls amplia a noção da justiça desses filósofos: ela é virtude das instituições como colocou Aristóteles[11], mas

---

11. RAWLS, J. *Uma teoria da justiça*. Op. cit., p. 473. Rawls interpreta o princípio aristotélico de busca do Bem Maior pelo ser huma-

não pode ser caracterizada como essencialmente um valor moral universal, mas um valor político que emerge da vontade de cada sociedade política; a justiça também visa à igualdade e à liberdade entre os indivíduos como defendeu Kant, porém sem caracterizar-se como racionalidade abstrata, devendo ser assumida a partir de seu significado político concreto em uma dada sociedade e por seus grupos políticos como eles a propõem como perspectiva de poder na defesa de suas posições perante as instituições públicas (judiciário, legislativo etc.).

A justiça é essencialmente um critério jurídico e político de distribuição de bens primários, definidos pelos indivíduos livres de uma sociedade e de acordo com critérios razoáveis para sua planificação de vida[12]. Rawls lista riquezas, rendas, direitos pessoais e oportunidades, bem como a noção de valor próprio dos indivíduos (dignidade das pessoas) como bens primários[13]. O problema mais profundo seria como definir critérios para associar tal lista de

---

no como um princípio de defesa do interesse particular do Bem (por grupos ou indivíduos que integram a sociedade) e não como uma virtude moral universal (justiça) que comanda a comunidade, mas justiça política que está presente quando se discutem procedimentos que propiciem ações que garantam igualdade e liberdade para as pessoas através da ação das instituições públicas.

12. Ibid., p. 98.

13. Ibid.

bens àqueles que correspondam aos interesses dos grupos sociais menos favorecidos política e economicamente[14]. Ele parte da ideia de posição original entre pessoas livres e iguais que podem chegar a um acordo político que reja a sociedade a partir da utilização de princípios racionais, portanto, um acordo discursivo (racional) – não com base em intuições e sentimentos, mas na ideia de exposição de seus valores em instâncias públicas deliberativas a fim de justificar suas pretensões de poder.

Rawls acredita que pessoas livres e iguais poderiam entrar em um acordo em uma posição original a partir de dois princípios básicos. O primeiro é o *princípio da liberdade igual ou básica*, que implica na justiça formal como um pressuposto de sociedades razoáveis a caminho da igualdade substancial[15]. Esse princípio se caracteriza pela interpretação da lei por tribunais legítimos e pelo cumprimento das sentenças por indivíduos que detém liberdade de ir e vir, de votar, de crer, direito de expressão, de reunião e à propriedade privada etc.[16]

Já o *princípio da diferença* indica que essas liberdades básicas abrangidas pelo *princípio da liber-*

---

14. Ibid., p. 99.

15. Ibid., p. 62ss.

16. Ibid., p. 65.

dade igual e exercitadas livremente nas sociedades pluralistas e tolerantes possam ser encaminhadas, por exigência da igualdade material e através dos programas políticos, a um sentido de cooperação social e, por conseguinte, na busca de igualdade entre os agentes sociais[17].

O "equilíbrio reflexivo" de uma sociedade razoável consiste, portanto, em conjugar esses dois princípios acima expostos e realizar o fim de uma igualdade material com justiça substancial, e não apenas justiça formal, sendo isso uma expectativa do Estado de Direito no cumprimento das leis. Justiça substancial tutela as grandes questões sociais que envolvem a necessária busca de igualdade e está sujeita ao princípio da decisão judicial. Seu desafio é promover a melhoria das condições materiais de vida das pessoas (distribuição justa da propriedade, garantia de serviços sociais básicos a todos, entre outras)[18].

Na estrutura social, as pessoas agem buscando maximização e eficácia, mas nem sempre a ação realizada beneficia a todos. A justiça como equidade busca encontrar soluções implementadoras de uma cooperação social e isso tornaria a ação individual mais eficaz, pois criaria melhores condições

---

17. Ibid., p. 64ss.
18. Ibid., p. 62-63.

sociais de desenvolvimento humano e melhoraria a vida cotidiana dos indivíduos[19]. Ensina Rawls:

> Na justiça como equidade, a sociedade é interpretada como um empreendimento cooperativo para a vantagem de todos. A estrutura básica é um sistema público de regras que define um esquema de atividades que conduz os homens a agirem juntos no intuito de produzir uma quantidade maior de benefícios, atribuindo a cada um certos direitos reconhecidos a uma parte dos produtos. O que uma pessoa faz depende do que as regras públicas determinam a respeito do que ela tem direito de fazer, e os direitos de uma pessoa dependem do que ela faz. Alcança-se a distribuição que resulta desses princípios honrando os direitos determinados pelo que as pessoas se comprometem a fazer à luz dessas expectativas legítimas[20].

Quando se pensa na ideia de as expectativas de ação serem feitas em torno de princípios de justiça, percebe-se que entra em cena a questão do procedimento. É preciso pensar "um padrão independente para decidir qual resultado é justo e um procedimento que com certeza conduzirá a ele"[21]. O justo

---

19. Ibid., p. 84ss.

20. Ibid., p. 90.

21. Ibid., p. 91.

tem por fim a igualdade, porém sem a justificação discursiva (perante as instituições) de critérios de distribuição de bens primários não se podem definir critérios de justiça efetivos.

Nesse aspecto, a igualdade equitativa de oportunidades, conferida na estrutura básica da sociedade a determinados sujeitos, deve ocorrer através de uma justiça procedimental que defina critérios de oportunização de direitos e que ataque pontos específicos de desigualdade, fugindo de complexidades mais amplas (estruturas que a justiça como equidade não pode de imediato atacar e modificar, como o sistema geral de acúmulo de capital) e contextualizada à aplicação de um procedimento de justificação de distribuição de bens primários[22].

A democracia como exercício de uma prática igualitária e tolerante deve propiciar as condições de debate na esfera pública. Sem essa práxis democrático-política, a justiça como equidade seria apenas mais uma doutrina moral abrangente. Ela deve enfrentar os problemas de estruturação de mecanismos de concessão e distribuição equitativa de bens primários a partir da construção de consenso sobreposto (que significa que partes devem ceder para outras terem algum ganho de bens), um debate público em que os interesses comuns devem ser afir-

---

22. Ibid., p. 93.

mados com a eventual redução e controle de interesses particulares de grupos privilegiados política e economicamente[23].

O conceito de justiça de Rawls depende, portanto, dessa série de condições de complexidade social (escassez de bens, por exemplo) que, somada ao problema da escolha dos princípios na posição original (uma racionalidade que deve manter o ideal de um pacto razoável que possa ser reconstruído e justificado em diversos momentos e circunstâncias[24]), deságua na busca da igualdade como sua meta maior e na manutenção da liberdade como sua condição necessária.

Possibilitar o acesso aos bens primários a todos é a condição básica que Rawls requer para a cooperação social equitativa, a condição mínima do suprimento das necessidades de subsistência e existência de indivíduos não apenas livres conforme o Direito legalista, mas dignos na acepção ampla de moralidade humana enquanto garantia da dignidade de todos. Erradicar o não acesso a bens primários é objetivo de qualquer sociedade razoável que queira caminhar à finalidade da justiça não apenas formal, mas substantiva (igualitária).

---

23. RAWLS, J. *Justiça como equidade* – Uma reformulação. São Paulo: Martins Fontes, 2003, p. XVIII.

24. RAWLS, J. *Uma teoria da justiça*. Op. cit., p. 149.

O mecanismo do "véu da ignorância" é uma forma de a posição original sob o acordo que funda a justiça afastar o descompromisso com a construção da justiça igualitária, pois os possíveis interesses egoístas são previamente suspensos. E o fim do acordo pode versar sobre um consenso em benefício de todos, dentro do diálogo formador dos objetivos comuns construídos como razão pública perante as instituições judiciais e políticas. Na reformulação da justiça como equidade levada a cabo em 2002, Rawls faz sua construção depender de uma concepção política exercida perante as instituições[25] – esse é o núcleo do conceito de justiça como equidade de Rawls.

---

25. RAWLS, J. *Justiça como equidade...* Op. cit., p. XIX.

Terceira lição
A justiça como igualdade

Centralizando o conceito de justiça na ideia de equidade, isto é, que visa à igualdade e mantém a liberdade, e operando através de escolhas e procedimentos vinculantes aos partícipes, tomados como isentos na posição original com a figura do "véu da ignorância" de seus próprios valores individuais, estaremos perto de sintetizar uma definição de justiça para Rawls.

Nesta lição, almejamos trazer a compreensão do conceito de equidade desenvolvido por Rawls a partir da busca da igualdade na sociedade multicultural e pluralista. Ele não aceita a justiça como um valor "abrangente" da razão, mas equitativo e ligado aos problemas de igualdade na sociedade.

O conceito de equidade (*fairness*), aplicado ao procedimento construtivista do Direito, desenvolve um instrumento de concessão dos bens primários. Foi nesse ponto que a teoria de Rawls foi criticada por juristas, principalmente Hebert Hart, que propunha um modelo procedimentalista e construtivista de direitos a partir de uma concepção de valores político-jurídicos abertos (tolerância, igualdade, razoabilidade) e não de "razões abrangentes" do liberalismo "clássico" (de Kant e de Stuart Mill, por exemplo).

Hart criticou[26] o processo de escolha de liberdades fundamentais pelos cidadãos na posição original como não fundamentado, e que a aplicação dos princípios de justiça escolhidos por eles às diversas instâncias de poder também não estaria bem fundamentada em *Uma teoria da justiça* (1971).

Rawls concorda com Hart quando este ataca a classificação "liberdades" sem especificá-las como "liberdades fundamentais". Parece abstrato se falar de "liberdades" sem vinculá-las a uma Constituição histórica e a um processo histórico-constitucional de garantias de direitos, não fazendo depender o conceito de liberdade ao que uma determinada tradição ou ordem constitucional define como sendo "fundamental"[27].

A seleção de princípios fundamentais, em uma sociedade representativamente igual onde pessoas pudessem agir conforme o princípio da igualdade, não significaria nada se a escolha dos princípios de justiça não fosse livre e comum. Sem liberdade igual presente na posição original não se geraria

---

26. RAWLS, J. *O liberalismo político*. Op. cit., p. 344.

27. Ibid., p. 346.

normatividade válida nessa suposta sociedade. Sociedades onde haja ditaduras políticas, estruturadas em processos de comunicação de massa e propaganda ideológica, produzem a ilusão coletiva de prosperidade e igualdade, e nem por isso os cidadãos são livres. Uma análise política de suas instituições mostra que não existe de fato igualdade, ou ela só se dá em níveis que interessam ao poder central do regime.

A igualdade depende da liberdade absolutamente não coagida que estabeleceu suas condições e limites, e o respeito mútuo não deve se vincular a outra esfera que não a da liberdade igual como legitimação. Volta-se a Kant quando se afirma a liberdade igual como fundadora do pacto político, que Rawls chama de "posição original". Kant, na introdução à "Doutrina do Direito"[28], define o conceito de Direito como a limitação recíproca de arbítrios em função de uma lei jurídica. É o princípio da *liberdade igual* e, como tal, pressupõe a tomada de uma decisão comum de fundação do pacto, e não a qualquer princípio de justiça ou moral prévio ao pacto.

A posição acerca da escolha dos princípios e liberdades fundamentais depende da liberdade igual,

---

28. KANT, I. *A metafísica dos costumes*. Princípios metafísicos da doutrina do Direito. Lisboa: Fundação Calouste Gulbenkian, 2005, p. 34.

sendo a liberdade a razão de ser do pacto e do processo de escolha de princípios. Se Rawls voltasse a qualquer concepção histórica de valores ou bens antes da "posição original", estaria em contradição com o contratualismo kantiano ao qual se filia, como observa Werle[29]. Isso já responde à objeção de Hart de não fundamentação da escolha das liberdades na "posição original" simplesmente porque não deve haver fundamentação para além da esfera da deliberação racional sobre qualquer princípio condutor do pacto político.

Essa deliberação é pluralista, reconstrutiva de sentidos e não vinculada, *a priori*, a qualquer tradição, mas ao acordo sobre princípios de justiça; é o caráter procedimental e construtivo de uma justiça como equidade. Fazer *tabula rasa* quanto a qualquer tradição constitucional direcionadora significa ter ausência de fundamento e é, ao mesmo tempo, o fundamento "aberto" da justiça igualitária de Rawls. A liberdade de fundamentar é propor razões tolerantes para se aceitar qualquer tradição de defesa de liberdades e legitimar qualquer projeto de poder em uma democracia deliberativa.

O que há de "fundamental" nessas liberdades originárias e na escolha dos princípios de justiça é

---

29. WERLE, D.L. *Justiça e democracia* – Ensaios sobre Jürgen Habermas e John Rawls. São Paulo: Esfera Pública, 2008, p. 55ss.

seu caráter não coativo para com os membros do pacto, uma fundamentação na própria liberdade de pensar e deliberar, e não em tradições constitucionais empíricas como quis Hart. Rawls defende que as liberdades políticas são fundamentais para proteger outras liberdades, mas ele as coloca como cooriginais na escolha dos sujeitos na formação do pacto político.

Existe uma prioridade da liberdade em relação à igualdade quanto a esta ser uma possibilidade daquela e produto de uma escolha que já pressupõe a autonomia da liberdade – mas nem por isso deixa a igualdade de ser um sustentáculo do pacto. Pelo contrário, Rawls dimensiona a igualdade a um patamar de eficácia na coesão social, e a justiça como cooperação presente no princípio da diferença. Pessoas livres e iguais no âmbito de procedimentos públicos buscam, mediante acordos e debates, uma acepção comum de bem, mas que seja construída discursivamente para respeitar as diversas visões de mundo[30].

A ideia de bem implica uma decisão da sociedade acerca de finalidades que atinjam um modo de vida considerado uma vida boa, e saber se isso será atingido para todos depende sempre de como se definem os papéis de cooperação social dos in-

---

30. RAWLS, J. *O liberalismo político*. Op. cit., p. 358.

divíduos. Se um indivíduo tem como cooperar para o resto da vida com construções de uma finalidade pública, ou se seu papel será circunscrito a elementos transitórios de instituições sociais, isso depende da decisão livre de cada um[31].

O fato é que o conceito de pessoa humana é o mediador da ideia de igualdade e da discussão das condições de desenvolvimento da cooperação social[32]. Com isso, Rawls dá um passo além do liberalismo clássico: ele recria a ideia de pessoa em função de uma definição política proveniente da razão pública, isto é, pensa na possibilidade de um acordo livre em torno das condições de justiça como igualdade enquanto necessárias à subsistência do próprio indivíduo. Sem igualdade construída jurídica e politicamente não existe qualquer conceito de pessoa, que não é mais metafísico mas é político. Não existe um conceito de "natureza humana" metafísico ou essencialista, mas dependente de condições políticas.

Cidadãos juridicamente iguais de uma sociedade livre e tolerante, que pretendem igualdade material e aceitam as deliberações públicas em torno da ideia de construção de direitos, são razoáveis em admitir uma restrição justificada de seus próprios

---

31. Ibid., p. 360.

32. Ibid.

direitos em função da igualdade[33]. Esse é o próprio cerne constitutivo de uma justiça como equidade que é, antes de tudo, um procedimento de distribuição razoável de direitos no âmbito da razão pública. Essa distribuição é exercida perante instituições, circundada por questões políticas que são objeto de deliberações razoáveis, e não por qualquer decisão política populista que infrinja os limites do tolerável publicamente e da legalidade.

Todavia, nas instâncias públicas de deliberação, algumas concepções de bem serão não publicizadas. Isso ocorre porque o "véu da ignorância", como ponto de partida sobre a discussão de bem público, inevitavelmente encobrirá algumas concepções de bem de indivíduos que não consigam defender publicamente suas posições, ou aquelas que sejam rechaçadas no processo de discussão[34].

Por isso, Rawls[35] requer, como condição de igualdade para toda acepção de bem público, a ideia de pessoa. Deve ocorrer o norteamento de quais as condições básicas de liberdade e igualdade devam ser possíveis para atender a todos, mesmo os incapazes de se posicionar na luta pela conquista de

---

33. Ibid., p. 363.
34. Ibid., p. 364.
35. Ibid.

direitos. São necessárias condições razoáveis de como se escolhem meios eficazes de garantir bens primários para que os planos de vida individuais possam se desenvolver[36]. Dentro desse programa de ação, a definição de liberdades fundamentais seria a proposição razoável de uma lista mínima dessas liberdades como consenso sobre condições de garantia de igualdade e respeito digno e tolerante entre os indivíduos[37]:

1) Liberdade fundamental de consciência e de pensamento, capaz de projetar as finalidades de atingir bens a partir da avaliação dos próprios indivíduos.

2) Liberdade de locomoção.

3) Possibilidade de qualquer cidadão exercer cargos e funções públicas.

4) Direito à renda e à riqueza como condições necessárias de exercício de qualquer liberdade.

5) Autoconfiança e respeito mútuo entre indivíduos no âmbito de instituições sociais básicas; fomento a instituições que possam assegurar a cooperação social.

---

36. Ibid.

37. Ibid., p. 365. Essa listagem de liberdades fundamentais presente em *O liberalismo político* amplia o esboço dos bens primários definidos em *Uma teoria da justiça*, como expomos na segunda lição da presente obra.

A ideia de igualdade para Rawls é vinculada à democracia, e princípios de justiça devem ser justificados de modo público, criticável e eficaz em sua aplicação[38]. O âmbito de aplicação deve ser razoável e as liberdades básicas acima relatadas não são absolutas: entram em conflito entre si, devendo ser considerado o caso concreto, de acordo com as necessidades dos indivíduos envolvidos na situação e mediante o processo de justificação pública da escolha de uma liberdade em relação à outra, e a quem deve ser conferida determinada liberdade. O rol de liberdades básicas definido em *Uma teoria da justiça* (1971) é abstrato e enumerativo[39]; Rawls faz a autocrítica em *Justiça como equidade* – uma reformulação (2002) e diz que o importante é a concretização razoável e não a classificação abstrata de liberdades básicas.

O afastamento da ideologia manipuladora sobre as razões públicas de escolha de princípios de justiça é uma meta da sociedade, como almejou Karl Marx[40], mas o avanço da publicidade das ra-

---

38. RAWLS, J. *Justiça como equidade...* Op. cit., p. 121.
39. Ibid., p. 157ss.
40. Ibid., p.171.

zões nas instituições já é um avanço democrático[41], pois estabiliza as conquistas de direitos mediante a obtenção da igualdade e da tolerância.

---

41. Ibid., p. 172.

Quarta lição

A razão pública como conceito político e jurídico

O objetivo desta quarta lição é trazer a compreensão de como Rawls trabalhou o conceito de razão pública enquanto objetivo político de um povo, e como as instituições podem absorver tais pretensões políticas na estrutura do Direito estatal.

O caráter público da racionalidade implica uma mudança da ideia de justiça como processo individual de pensamento para seu deslocamento a um patamar institucional. O problema político assume contornos dentro do Direito e o problema moral tem que se nortear não somente pelos valores dos indivíduos, mas pelos limites que a razão pública vai constituindo diante do reconhecimento das metas de grupos plurais na sociedade.

Racionalidade pública, para Rawls, é a capacidade de fala do cidadão perante as instituições. O grande elemento de legitimação do Estado é sua capacidade de aceitar a presença do cidadão participando de suas instâncias de poder. E isso não pode ser feito a partir de uma visão racional abrangente como política dominante, mas pela absorção das condições de discussão pública mediante o reconhecimento dos diversos discursos das minorias políticas (mulheres, negros, indígenas, dentre outros).

Os conflitos entre grupos ideologicamente diversos e suas pretensões de poder são tutelados pelo mediador de conflitos na razão pública, que é o Estado de Direito. Em seu âmbito, resolvem-se as pretensões de poder dos grupos sociais. Democracia não é somente a ideia do parlamento e sua produção de leis, mas a possibilidade de promoção da igualdade, a qual não pode ser feita apenas pela legalidade e sua aplicação pela ação do poder executivo.

Um movimento de valorização da Constituição ganha força depois do fim da II Guerra Mundial. Nesse movimento, a interpretação do Direito ocorre prioritariamente a partir do Direito Público (direito constitucional, penal, tributário etc.), e a interpretação jurídica é vinculada à pretensão do judiciário de ampliar os direitos constitucionais do cidadão. A tradição político-jurídica americana deu à Suprema Corte um papel central na construção da democracia constitucional. A obra de Rawls, assim como a do filósofo do Direito norte-americano Ronald Dworkin (1931-2013), reflete essa preocupação com a função ativista do judiciário na democracia.

Para Dworkin, o juiz não pode adotar qualquer concepção política como justificativa de sua decisão, mas uma que seja defensável perante a razão pública desenvolvida no âmbito das instituições públicas e não simplesmente usar sua intuição sobre o que seja o justo[42]. Para Rawls, um dos critérios de justificação das decisões é que o juiz perceba o que o "homem médio" pensa, isto é, observe a base social da razoabilidade, a ponderação decorrente da opinião média comum sobre as questões políticas polêmicas (direito ao aborto, à liberdade religiosa etc.)[43]. Depois, vem a escolha de princípios de justiça pelo magistrado (prioridade do bem comum, dos direitos humanos, da dignidade humana etc.) e, posteriormente, a construção da razoabilidade estrita no contexto da decisão (uma argumentação acerca do justo para a questão concreta que está sendo julgada)[44].

Ao caráter jurídico-político do tribunal constitucional Rawls denomina de núcleo da razão pública[45]. O filósofo argumenta sobre o caráter equilibra-

---

42. DWORKIN, R. *Levando os direitos a sério*. São Paulo: Martins Fontes, 2007, p. 137.

43. LIMA, N. O. *Jurisdição constitucional e construção de direitos fundamentais no Brasil e nos Estados Unidos*. São Paulo: MP, 2009, p. 190ss.

44. Ibid., p. 191ss.

45. RAWLS, J. *O liberalismo político*. Op. cit., p. 272.

dor do tribunal constitucional, sendo a voz de análise da Constituição e a possibilidade de expressão das razões públicas de uma população e de resguardo das minorias políticas em suas pretensões de direitos. A legitimação do judiciário constitucional está em sintetizar o caráter político das manifestações de livre expressão por direitos da população, as decisões de poder e o caráter jurídico dos limites de concessão de direitos exigidos. Ao interpretar a Constituição, o judiciário constitucional juridifica a política e a democracia, tornando-as estáveis.

Para Rawls, a função de assegurar um "consenso sobreposto" através do "equilíbrio reflexivo" dos cidadãos com suas instituições é garantida por decisões razoáveis, que sejam conformes aos princípios de justiça e às liberdades fundamentais[46]. O "consenso sobreposto" é um consenso que se forma pela acomodação de posições diferentes, que cedem, em parte, suas pretensões de poder e formam um "equilíbrio reflexivo" não só entre os cidadãos, mas entre estes e a suprema corte constitucional.

A função da Suprema Corte, para Rawls[47], não é a de interpretar a Constituição de modo unilateral, mas sim de ser aberta à vontade do povo sobre quais são os sentidos das normas constitucionais,

---

46. LIMA, N.O. *Jurisdição constitucional...* Op. cit., p. 191ss.

47. RAWLS, J. *O liberalismo político*. Op. cit., p. 281.

percebendo o que o povo incorpora às suas instituições em termos de valores e direcionamentos políticos. Os valores formados pelo "consenso sobreposto" são o que a Suprema Corte deve tomar como base para decidir, mesmo porque a Carta Magna e suas normas são modificadas pelo procedimento de emendas constitucionais, as quais atualizam os valores da Constituição conforme o desenvolvimento histórico da vida social e política da nação[48].

Sem uma corte constitucional a razão pública do liberalismo político não teria eficácia, pois os conflitos desagregariam o objetivo de uma cooperação centrada no princípio da diferença (diversidade dos grupos sociais e seu direito à igualdade jurídica). Na verdade, para Rawls, a liberdade e a igualdade só podem cooperar diante da manifestação dos princípios de justiça (o da diferença e o da liberdade igual) – sem isso, perante a razão pública, os ideais de tolerância são inseguros. Logo, a democracia constitucional e o liberalismo estariam ameaçados.

---

48. Ibid.

Quinta lição

O conceito de *afirmative actions* e o papel construtivo do judiciário

A obra de Rawls reforça o conceito de ações afirmativas (*afirmative actions*) desenvolvido pela ação política do executivo e implementado pelos tribunais como meio político-jurídico de garantia de equidade entre os grupos sociais. Segundo esse conceito, o Estado perfaz ações de promoção social de igualdade a partir de políticas públicas para assegurar (afirmar) direitos de grupos marginalizados ou carentes. Essas ações estatais em prol da igualdade passam a ser comuns a partir da década de 60 do séc. XX nos Estados Unidos, nos governos John Kennedy e Lyndon Johnson.

Os limites e a função do judiciário na interpretação dos princípios assomam como de fundamental importância. Rawls defende uma reflexão das decisões pelos juízes com base em valores políticos que visam à igualdade, pois o judiciário pode construir direitos interpretando a Constituição. O ativismo judicial, movimento de interpretação da lei pelos juízes com vistas ao preenchimento de espaços de ausência de legalidade (lacunas), é uma tradição importante na doutrina jurídica e na prática dos tribunais dos Estados Unidos. Recebeu formulação teórica a partir da superação da doutrina do *stare decisis* (a vinculação do juiz aos precedentes de decisões anteriores), facultando ao juiz a possibilidade de justificar a modificação da aplicação da lei em decorrência da necessidade de concretizar valores atuais a que o Direito deve dar uma resposta[49]. Isso, propriamente, é o movimento de ativismo judicial ou construção (*construcion*) na jurisprudência norte-americana.

Com base nessa tradição de ativismo judicial, a Suprema Corte atuou historicamente no sentido de concretizar dispositivos da Constituição interpretando-a política e moralmente.

Rawls denomina como construtivismo um método de acomodação de interesses políticos que usa a razoabilidade como método de reflexão discursiva do cidadão[50]. Este atua perante as instituições no sentido de assegurar suas pretensões de modo tolerante com as pretensões dos demais cidadãos, realizando a formação do "consenso sobreposto"

---

49. LIMA, N.O. *Jurisdição constitucional...* Op. cit., p. 118ss.

50. RAWLS, J. *O liberalismo político*. Op. cit., p. 150.

através do exercício de razões justificáveis publicamente, selecionando doutrinas razoáveis[51].

As ações afirmativas são um meio de realizar políticas públicas que promovam igualdade. Rawls quis que a construção judicial dessas políticas, isto é, quando o judiciário intervém e obriga o executivo a implementá-las, ampliando os efeitos da lei pela interpretação do caso concreto, fosse feita pelo construtivismo político como meio do liberalismo político.

O efeito do liberalismo político sobre o judiciário seria uma reconstrução do sentido da legalidade com mais tolerância sobre sua aplicação. Isso não implica na quebra da legalidade ou no abandono da segurança jurídica (previsibilidade das decisões judiciais conforme a lei), mas em sua proximidade das necessidades práticas de efetivação do Direito. Duas concepções teóricas jurídicas não são aceitáveis para Rawls: o Direito como convenção, um conjunto de proposições linguísticas coerentes e com significado específico ao que o sistema jurídico define como válido; e o formalismo, que é a concepção de que o Direito é autônomo em relação à Política e à Moral, não mais prestando contas ao conjunto dos conflitos políticos e sociais, fundamentado na "pura forma" das normas (objetos

---

51. Ibid., p. 152.

linguísticos com uma racionalidade organizativa própria, portanto, puramente formais).

Para a promoção da igualdade Rawls objetiva um judiciário ativista. O fim do Direito é servir à Política como busca da igualdade, e não aferrar-se a um formalismo abstrato. Rawls, ao vincular Direito e Política, abriu espaço para a justificação da experiência do judiciário com as ações públicas de promoção da igualdade e de extensão de direitos fundamentais a grupos marginalizados.

Sexta lição
Rawls e a ideia de liberdade

Tanto o direito de se expressar quanto a ação livre protegida pela lei são previamente resguardados pelo Estado conforme o pacto constitucional. Esses dois princípios servem de base para conceber as pessoas como entes morais livres e iguais que, a partir de uma "posição original", podem arrazoar perante a razão pública, mantendo seus valores sob um "véu da ignorância" e evitando o comprometimento com valores substanciais (a exemplo de uma sabedoria de vida comum ou valores religiosos enquanto fontes de moralidade pública).

Liberdade (individual) e igualdade (jurídica) são dois valores que se afiguram como importantes desde a Revolução Francesa. O valor absoluto do indivíduo no liberalismo clássico entra em questionamento com a crise da economia capitalista em 1929, que desperta a política de expansão do Estado passando a colocar a igualdade em foco, o que se tornou mais premente pela questão de se garantir acesso a bens primários.

Longe de voltar ao liberalismo clássico, com a sua defesa da razão positivada do Estado jurídico e com uma laicidade impositiva sobre minorias religiosas, Rawls coloca o liberalismo em outro patamar. Para ele a missão do Estado, ao preservar o "contrato original", passa a ser um liberalismo político que defende a tolerância com crenças religiosas diversas da católica[52].

O liberalismo político rawlsiano, diferentemente, quer um contrato político construído a partir da razão pública, onde as pretensões de legitimação são tolerantes e não aparecem como grandes valores dominantes. Rawls se filia à tradição do laicismo (defesa da liberdade de pensamento frente à Igreja), na qual as liberdades religiosas de crença e culto são liberdades políticas constituídas como proteção aos indivíduos na Modernidade (séc. XV em diante) e a partir da Reforma protestante (1517) e sua defesa da liberdade de crença e de consciência[53].

O Estado de Direito é a expressão da construção laica do poder. A contribuição do humanismo para a política na Modernidade foi decisiva, uma vez que construiu uma nova imagem do ser humano, que agora deveria buscar um sentido para a vida na

---

52. LIMA, N.O. *Jurisdição constitucional...* Op. cit., p. 118s.
53. RAWLS, J. *O liberalismo político*. Op. cit., p. XXVI.

razão. Picco della Mirandola[54] concebeu o homem como fora da cadeia dos seres criados por Deus: dos vermes aos anjos, o homem estaria sem função específica na natureza. O homem, portanto, é um ser que busca o conhecimento como atividade à parte da ordem natural, estando em função da organização da própria liberdade em defesa de sua dignidade.

Essa laicidade é produto do humanismo, concebido como posição de centralidade do ser humano na História, o ser humano concedendo a si mesmo sentido à sua existência. A destituição da religião do lócus central que ocupava significou exatamente a fortaleza do humanismo como centro de cultura pós-religiosa. O Estado emerge como o núcleo da possibilidade de retomada do poder dos príncipes em oposição ao poder da Igreja, a qual reduzira o espaço público à sua atividade de pregação religiosa.

Já o Direito Natural moderno colocou o indivíduo no gozo de direitos naturais (proibição da tortura, proteção à liberdade de ação e de propriedade), conseguindo-se associar Direito à liberdade. O Estado absolutista foi atacado pela pretensão burguesa de condenar a legitimação divina da soberania

---

54. PICCO DELLA MIRANDOLA, G. *Oratio* [Disponível em: http://www.brown.edu/Departments/Italian_Studies/pico/oratio.html – Acesso em 02/03/2016].

(autoridade do monarca) e a maneira de entender o vínculo político contratual (submissão do súdito ao monarca).

A cultura iluminista, sucedendo o Direito Natural, atacou o conceito de poder "divino" pela consumação de uma esfera pública laica e literária, a qual foi criando uma emancipação gradual do sujeito aos poderes constituídos e foi fazendo o cidadão deixar de se imaginar como mero súdito do rei. A consequência da perda de legitimidade da monarquia foi o abalo do fundamento político da soberania do Estado absolutista.

O poder soberano passou a ser entendido como titularizado não pelo monarca, mas pelo "povo", que antes estava submetido à lei como um vínculo político não questionável porque aderira ao pacto sem reserva de direitos[55], além dos direitos mínimos de existência corporal e de liberdade de locomoção[56] e outros "direitos naturais" (vida, propriedade e liberdade).

---

55. A noção de direitos naturais é possibilitada pela filosofia de Locke na medida em que é uma faculdade individual portar tais direitos no "estado de natureza" (figura racional hipotética, não histórica), e quando da fundação da sociedade civil (pacto político de fundação do "estado civil") colocá-los sob tutela do Estado para sua segurança (LOCKE, J. *Dois tratados sobre o governo civil*. Livro II. São Paulo: Martins Fontes, 2005, p. 468).

56. HOBBES, T. *Do cidadão*. São Paulo: Martins Fontes, 2002, p. 134, aponta que diante da quebra do pacto social o homem vol-

A ideia de uma soberania popular sobre o vínculo político é algo que ocorre na luta política pela proteção jurídica dos direitos civis. Aos "direitos naturais" do Estado de Direito incorporam-se liberdades como a de expressão, de crença, de sufrágio livre e o devido processo legal, isto é, o direito de ser julgado por um juiz imparcial e dentro de um processo baseado na lei.

Desse modo, a luta burguesa pelos direitos civis como bandeira de conquista do Estado é que caracterizará, em um primeiro momento, o denominado Estado de Direito. Este não possui uma matriz comum de fundamentação, por ser um processo que depende do caráter nacional de cada Estado europeu, mas se unifica juridicamente no conceito de supremacia da lei sobre todos, inclusive sobre o monarca, não mais soberano. Doravante, na luta pela edificação do Estado de Direito a partir do séc. XVIII com a soberania do "povo", a postura denominada de liberal – na linha de desenvolvimento que procede de John Locke – foi caracterizada pela busca da inserção no Estado dos direitos civis, expressão jurídica dos "direitos naturais".

---

ta ao "estado de natureza", a uma liberdade natural e selvagem. Ao contrário de Locke, Hobbes entendia não existir um direito à revolta do súdito em caso de descumprimento do pacto pelo soberano; para ele toda revolução seria proibida.

A ideia de um Estado liberal implica a possibilidade de participação dos indivíduos na formulação da lei dentro do processo legislativo. A matriz dessa ideia é inglesa, sendo Locke seu mentor na fundamentação de um poder legislativo que expressa a vontade do povo com a soberania absoluta. O Estado de Direito que protegerá a ideia de uma soberania parlamentar com a "Revolução Gloriosa" e seu consequente parlamentarismo monárquico, centrado na ideia de representação política do povo no parlamento, terá implicações no pensamento sobre o Estado na França, especificamente na recepção feita por Jean-Jacques Rousseau, com a noção de "vontade geral" enquanto expressão de um poder irresistível da soberania popular.

Por outro lado, o Direito resulta numa ordem social que assegura, para o cumprimento da norma jurídica, a prescrição de conduta negativa e de sanção punitiva e ainda o emprego da força física contra o indivíduo descumpridor da norma[57].

A coação jurídica (temor à lei) origina um dado psicológico em sua estrutura (atemorização do agente eventualmente descumpridor da norma). Existe a possibilidade de punição com restrição da liberdade ou de outros direitos ao descumpridor da lei

---

57. KELSEN, H. *Teoria pura do Direito*. Coimbra: Armênio Amado, 1984, p. 62.

(coerção, uso da força do Estado contra quem descumprir a lei). Na verdade, o sistema de coerência das normas do Direito estatal serviria para assegurar o poder político efetivo do soberano legítimo, o qual seria reconhecido pelo poder supremo do povo e limitado pela lei.

Todavia, o liberalismo político de Rawls, embora parta da tradição contratualista liberal que se aferrou à ideia de uma natureza humana individualista e propriamente racional e seus efeitos de poder jurídico, deve ser conduzido pela ideia de um "véu da ignorância" que coloque as pretensões de poder submetidas à discussão pública.

Longe de ser a racionalidade política uma razão abstrata e impositiva, passa a ser meio razoável de construção de discursos políticos em que a mediação da publicidade e da equidade (*fairness*) está em buscar a justiça das instituições, evitando a tirania de razões universais que pudessem submeter os homens a "modelos" de humanidade e de Estado "fortes" ou "abrangentes".

Ao negar o conceito de "natureza humana racional", Rawls atualiza a "justiça política" aristotélica deixando-a com o viés discursivo de assegurar condições políticas razoáveis, buscando um "equilíbrio reflexivo" entre os setores da sociedade em torno do consenso sobre valores comuns institucionalizados.

A obra de Rawls, segundo o filósofo alemão Wolfgang Kersting[58], praticamente promove o renascimento da Filosofia Política ao reapresentar o contratualismo filosófico, ligando-o à ideia de justiça como a virtude política mais importante das instituições. A Filosofia do Direito de Rawls defende o debate sobre o justo como razoável e não como simplesmente racional. A Ciência Política deve a Rawls a proposição do liberalismo apartado da ideia do mero individualismo.

Houve uma descontinuidade da obra rawlsiana quanto à tradição liberal. Essa descontinuidade ocorreu no seu debate com Nozick, a partir da publicação por este de *Anarquia, Estado e Utopia* (1974) como resposta a Rawls ao defender um "Estado mínimo" e de princípios de justiça baseados na titularidade histórica dos detentores do Direito e não em princípios interventivos para igualar as pessoas conforme a "posição original"[59].

---

58. KERSTING, W. *Liberdade bem-ordenada* – Filosofia do Direito e do Estado de Immanuel Kant. 3. ed. revista e ampliada. Porto Alegre: Fabris, 2012, p. 40.

59. NOZICK, R. *Anarquia, Estado e Utopia*. São Paulo: Martins Fontes, 2011, p. 243: Rawls pretende substituir a noção de concorrência entre indivíduos pela de incentivos estatais para igualização; segundo Nozick, ele não acredita na força do mérito e labor individuais. Para Nozick (op. cit., p. 260ss.), Rawls não leva em conta a titularidade histórica de direitos (quem os possui em um Estado de Direito) e como eles se tornam a base da justiça no

Rawls tentou responder com uma visão mais integral de liberalismo que a mera defesa de uma redução do poder do Estado. As instituições sociais não devem ser simplesmente aceitas pelas pessoas; estas devem construir um consenso sobre a legitimidade das instituições com base em argumentos defendidos perante o público[60]. Isso é um liberalismo aproximado da democracia deliberativa contra o liberalismo individualista de Robert Nozick, pois a questão não é simplesmente reduzir a intervenção estatal, mas deliberar publicamente sobre sua ação.

Para Rawls se o Estado, conforme a deliberação pública, for requisitado, deve intervir e assegurar a justiça como equidade. Liberdade sem justiça tornaria o pacto político inútil ao cidadão, na medida em que a redução das desigualdades é um dos elementos de legitimação política e um dos aspectos que possibilitam a convivência na busca de debelar a violência.

Já ao argumento de Nozick de que sua teoria não possui base em direitos com titulares históricos e, por isso, seria arbitrária, Rawls responde que a

---

Estado, pois sua teoria da posição original é arbitrária quanto à escolha dos princípios de justiça, e ele não definiria com segurança que escolheria esses princípios para colocá-los como base da construção do Estado.

60. RAWLS, J. *O liberalismo político*. Op. cit., p. 509.

sociedade é um sistema dinâmico e pluralista onde as posições mudam e as titularidades de direitos são reconstruídas. Veja-se, por exemplo, o caso das instituições religiosas e sua necessidade de adequar direitos religiosos tradicionais ao modo de vida republicano atual, a fim de que possam coexistir com a sociedade plural e democrática[61].

---

61. Ibid., p. 261.

Sétima lição

Um debate com os comunitaristas: liberdade ou engajamento?

A ideia de participação cidadã na razão pública para Rawls não é uma virtude de indivíduos isolados ou de mentes privilegiadas, mas se constitui na construção de espaços de luta político-discursiva perante as instituições. Isso será caracterizado como "equilíbrio reflexivo" entre sociedade civil e instituições. A discussão pública exige o reconhecimento de um pluralismo que mantenha todos no limite da correção do discurso (politicamente correto), evitando posições unilaterais ou radicais a ponto de fugir da tolerância exigida por uma democracia constitucional que tende à justiça política.

A teoria da supremacia do Direito Público no séc. XX teve como ideologia política complementar a socialdemocracia ou formas socialistas que admitiam a necessidade de uma estrutura estatal como algo que se conforma ao sistema econômico e sua expansão para atender demandas sociais. Com efeito, sem um Direito Público fortalecido e um Direito Privado subordinado ao Estado, não seria possível desenvolver as políticas públicas necessárias ao combate dos efeitos da crise do capitalismo de 1929.

Discordamos, todavia, do argumento que o *Welfare State* ou Estado de Bem-Estar Social seria o motivador de Rawls, pois ele é um contratualista: o pacto político na posição original funda a pretensão de requerer direitos pelos cidadãos. O contrato é regulatório do Estado, indica a finalidade que deve ser seguida a partir da livre doação de consentimento e, assim, com a possibilidade de aceitação da coerção estatal (possibilidade do uso da força para aplicar a lei) dentro dos limites da lei e da proteção à dignidade do indivíduo.

A discórdia entre liberdade e Estado, mediante o contraponto entre liberdade política e instituições, foi recomposto por Rawls concebendo a cidadania como ação de requerimento de direitos pelo cidadão e na implementação da justiça como equidade pelas instituições públicas. Isto é, o cerne do liberalismo político de Rawls é a autorização pelo cidadão dos princípios de justiça através da razão pública (debate público sobre ideias)[62].

A democracia constitucional é construída sobre a tradição liberal de proteção a direitos. Rawls

---

62. RAWLS, J. *Justiça como equidade...* Op. cit., p. 271.

defende que existe um grau de liberdade dos indivíduos em relação ao sistema jurídico, pois não é possível para o ordenamento conseguir regular a totalidade da vontade humana, havendo sempre um campo de ausência de coação. Dessa forma, reforça a tradição liberal de proteção dos direitos à liberdade de crença religiosa, à liberdade de expressão, à liberdade de ir e vir, enfim, defende a limitação do poder estatal pelo Direito Constitucional.

Uma tradição nos Estados Unidos da América que se opõe ao liberalismo político de Rawls é o comunitarismo. Este parte da "tradição atlântica" do republicanismo e, segundo Poccock[63], tem em vista principalmente a busca por "valores comunitários", e não a autoconstrução democrática a partir de uma postura procedimental como a proteção jurídica de direitos racionais dos indivíduos na tradição liberal. Estado e comunidade são entrelaçados na tradição comunitarista.

Para o comunitarismo devem ser identificados os valores políticos e morais constantes e tradicionais que são o fim dos indivíduos. E essas pessoas

---

63. A república tem por fim o bem comum; os cidadãos dirigem suas ações conforme esse bem. Maquiavel louvava as virtudes dos antigos romanos, que protegiam a coisa pública. O objetivo era controlar a fortuna (acaso). Cf. POCCOCK, J.G.A. *The Maquiavellian Moment*. Nova Jersey: Princenton University Press, 1975, p. 201ss.

não são apenas debatedoras sobre o que querem na razão pública, mas portadoras de virtudes político-morais "abrangentes", que encampem o bem comum através do Estado como algo prioritário para sua comunidade[64].

A construção de valores na Modernidade indicará a disputa entre substancialismo e procedimentalismo democráticos no processo de construção do Estado Moderno[65]. Na defesa da democracia em Rawls, o próprio republicanismo é instrumento na razão pública contra os comunitaristas ao defender valores liberais abertos (liberdade de expressão, de

---

64. GARGARELLA, R. *As teorias da justiça depois de Rawls*. São Paulo: Martins Fontes, 2008, p. 149ss.

65. DAHL, R. *A democracia e seus críticos*. São Paulo: Martins Fontes, 2012, p. 257. Os liberais são procedimentalistas e os comunitaristas são substancialistas. O controle público sobre os processos de poder, quer sejam jurídicos ou políticos, é o que assegura a existência da democracia pelo Estado para o comunitarismo, com base na visão de que todo cidadão com sua liberdade participativa se corresponsabiliza pela comunidade. Isso pressupõe também a ideia de adesão do cidadão a valores substantivos (morais, religiosos, políticos) da comunidade a que se pertence. Por isso o comunitarismo em geral é substancialista, concebe uma substância ou essência ética da comunidade. Já os procedimentalistas acreditam na autonomia do Direito e sua separação da moral e de virtudes comunitárias, confiando nos processos públicos de produção de discurso com a garantia de direitos fundamentais ao cidadão. Política é uma luta de interesses guiada pelos procedimentos jurídicos e seus limites constitucionais. Essa tradição remonta a Kant, que defendeu uma limitação da ação política pelo Direito, como dito em *A paz perpétua e outros opúsculos* (Lisboa: Ed. 70, 2004, p. 56).

pensamento, laicidade) e não valores "substanciais" vinculados às tradições das comunidades locais.

A forma universal da moralidade como objetivo da razão expressa não somente a racionalidade principiológica de Kant (ética e direito formais erguidos por meio do uso da razão pelos cidadãos)[66], mas a possibilidade de uma razão linguística (acessível a todos, uma razão comum às pessoas em sociedade). A crise da racionalidade dos valores pela falência dos fundamentos absolutos fez emergir os conflitos: o confronto de posições é posto pela própria crise das grandes narrativas sobre o fundamento dos valores (os valores religiosos, por exemplo).

Rawls adere a uma razoabilidade como método de defesa de valores tolerantes politicamente, mas admite o uso da razão discursiva pelos indivíduos e seus direitos à liberdade de expressão e pensamento. Mantém seu compromisso com o liberalismo, mas o amplia em torno de um método que encampa a tolerância com os valores das minorias políticas.

Para os comunitaristas, a razão continua a revelar intuitivamente virtudes. Eles tendem a afastar a crise da razão no séc. XX (as diversas interpretações relativistas sobre moral, a crise do Estado pelos governos ditatoriais etc.) e a liberdade de ex-

---

66. RAWLS, J. *O liberalismo político*. Op. cit., p. 121.

pressão por toda a sociedade e priorizam as tradições de valores das comunidades. Nesse sentido, para Rawls o uso da linguagem é fundamental na razão pública, assim como o uso livre da razão por todos perante as instituições. Isso possibilita a escolha razoável e democrática de bens primários e princípios de justiça em face das instituições públicas.

Para comunitaristas como Michel Walzer, são as comunidades, em suas tradições e entendimentos comuns compartilhados, que devem definir o que são os bens primários[67]. Para ele, Rawls amplia essa função à sociedade e às instituições muito gerais sem especificar se as famílias concretas em suas comunidades querem esses bens definidos como prioritários em suas vidas. Segundo Walzer, justiça e comunidade são copertencentes[68].

Já Michel Sandel entende que a crítica de Rawls ao conceito de pessoa natural e sua substituição por uma definição de justiça e de política através das instituições fere a ideia de bem moral afeito a cada pessoa e seus méritos. Para Sandel, ao identificar efetividade da justiça com as instituições públicas, Rawls impossibilitou a relação entre justiça e mé-

---

67. GARGARELLA, R. *As teorias da justiça depois de Rawls.* São Paulo: Martins Fontes, 2008, p. 151.

68. Ibid.

rito pessoal e as pessoas deixam de ter um valor intrínseco em sua dignidade[69].

De acordo com Rawls, essa ideia comunitarista de valores comuns não se sobrepõe à ideia de uma justiça desenvolvida nas instituições da sociedade democrática. A justiça como equidade confia no caráter público e político e não particular do justo[70]. Os cidadãos, para o liberalismo político, acreditam na ideia de fazer justiça um ao outro dentro de arranjos sociais nas instituições públicas[71]. Rawls confia na ideia de sociedade democrática e não de comunidade, a qual, inclusive, pode ser abandonada pelo indivíduo, enquanto a sociedade não[72].

A sociedade democrática concebida pelo liberalismo político integra mais amplamente a vida humana que a comunidade e forma valores políticos exercitados mediante um Direito Público a fim de manter o objetivo de que as pessoas sejam livres e iguais perante a lei. Através da confiança no Direito e na tolerância política da sociedade democrática realiza-se a igualdade, o que não ocorre por

---

69. SANDEL, M. *O liberalismo e os limites da justiça*. Lisboa: Fundação Calouste Gulbenkian, 2005, p. 126.

70. RAWLS, J. *Justiça como equidade...* Op. cit., p. 28.

71. Ibid.

72. Ibid.

meio da manutenção do *status quo* de comunidades e seus ideais de justiça.

O Direito liberal político é necessário para combater o bairrismo de uma justiça comunitária. Justiça como equidade, para Rawls, depende de um caráter normativo e universalizante dos princípios de justiça que são escolhidos, confiando na razão pública discursiva e não em tradições de justiça que contêm um potencial de virtudes perenes que muitas vezes não admitem a igualdade de minorias em seu âmbito. Daí a crítica de Rawls à ideia de "natureza humana", que pode ser eventualmente discriminatória contra quem se rebelar contra a suposta "essência humana". Para Rawls, o conceito de pessoa e seu valor dependem de uma defesa perante o Direito e do valor político (liberal ou socialista) agregado a essa defesa[73].

O liberalismo político, ao admitir o "véu da ignorância" para os contratantes, confia na discussão pública e na justiça das instituições como critérios políticos de definição de méritos e valores dos indivíduos, e não em uma justiça pressuposta decorrente dos valores tradicionais de uma comunidade que pode não ser tolerante com as diferenças entre os grupos ou indivíduos que a compõem. Eventual-

---

73. Ibid., p. 33-34.

mente não admite ou não convive bem com certos grupos ou minorias sociais[74].

A ideia de um pluralismo razoável somente se desenvolve em uma sociedade democrática que possui razão pública e faz consensos que, embora não perfeitos – porque alguém deve sempre ceder em parte suas razões (consenso sobreposto) –, são constituídos visando à ideia de igualdade perante o Direito[75], no âmbito do qual os juízes devem adotar a razoabilidade como método de resolução de conflitos.

---

74. Ibid., p. 29.
75. Ibid., p. 28-29.

Oitava lição

A democracia em questão no pensamento de Rawls

O que é democracia para Rawls? Nesta lição discutiremos o conceito de democracia deliberativa segundo Rawls, dentro da noção de um consenso construído como sobreposição de interesses de grupos políticos em disputa, que funcionam com base em posições construtivistas em constante diálogo e em argumentos juridicamente (constitucionalmente) consistentes, o chamado "consenso sobreposto" (*overlaping consensus*). Pretende-se mostrar que democracia deliberativa (como autodeterminação dos grupos políticos na gerência de suas questões de poder) e democracia constitucional (práticas democráticas com base em ações constitucionalmente sustentáveis) são interdependentes em Rawls.

Para Rawls[76], a História relata uma série de doutrinas abrangentes sensatas, a exemplo do liberalismo e da tradição de defesa da justiça, que conse-

---

76. Ibid., p. 272ss.

guem estabelecer paradigmas (igualdade jurídica, por exemplo) contra ataques de representantes de outros grupos de doutrinas (a exemplo de racistas ou fascistas). Com isso, surgem posições de composição de conflitos que tornam viável o progresso social ao invés de abalá-lo.

Um exemplo é o caso da acomodação, ainda que conflituosa, entre os paradigmas liberal e cristão de vida, que *a priori* poderiam se excluir pela intolerância religiosa com o individualismo, mas que encontram na liberdade e na razão pontos de equilíbrio[77]. O religioso, para viver na sociedade democrática, pluralista e razoável do liberalismo político rawlsiano, deve admitir o direito à liberdade do indivíduo laico – o critério de razoabilidade para que o cristianismo possa ser aceito como doutrina abrangente é o reconhecimento da liberdade de crença, portanto, a aceitação de uma liberdade fundamental do outro[78]. Não se pode impedir a liberdade de juízo do outro; sua atividade reflexiva autônoma e sua garantia jurídica são a liberdade de expressão e de consciência[79].

Os critérios de razoabilidade são expressos dentro de um acordo moral e uma estabilidade do "con-

---

77. Ibid.
78. Ibid.
79. Ibid.

senso sobreposto"[80], de acordo com Rawls. A fim de que o consenso seja válido, é preciso pensar um acordo moral que aproxime diferenças, o que pode ser exemplificado pelas lutas entre católicos e protestantes desde o século XVI: somente quando houve consenso em torno de elementos da moral cristã comum e pode-se exercer a liberdade de crença dentro de limites morais e institucionais, foi que se conseguiu assegurar a convivência entre posições religiosas diferentes[81].

Questão crucial é encontrar a simetria entre as mais variadas concepções de bem e a justiça[82]. Para Rawls[83], as variadas concepções de bem das doutrinas abrangentes devem ser compatíveis com os princípios da justiça (diferença e liberdade igual) e com o ordenamento constitucional; para conquistarem adeptos, devem estar nos limites do pluralismo razoável (tolerância respeitosa com as posições ideológicas diferentes em uma sociedade). A natureza da democracia é, portanto, a base que possibilita o liberalismo político. Mas qual democracia se espera para o liberalismo político de Rawls?

---

80. Ibid.

81. Ibid., p. 274-275.

82. Ibid., p. 288.

83. Ibid., p. 231-232.

O filósofo norte-americano admite a necessidade de justificação perante as instâncias públicas das pretensões de realização de direitos[84]. No entanto, o que consiste para Rawls tais "visões sobre direitos", essencialmente, é a reconstrução da própria ideia de sociedade. Passa a ser a sociedade uma organização permeada pela pluralidade das vozes sociais e não uma ordem de poderes de domínio de relações sociais – a ordem plural em Rawls é a própria vida da sociedade, que não pode admitir um centro de poder centralizador e ordenador, mas uma diversidade de instâncias de deliberação. O único centro aceitável, pois, é onde se realiza a razão pública, é a jurisdição constitucional e seu núcleo, o tribunal constitucional, onde os conflitos das visões de mundo podem ser resolvidos pelo Direito dentro de ponderações razoáveis (equitativas e tolerantes).

Não há como se pensar uma sociedade cujo fim é ser conduzida por uma razão abrangente do poder de uma instituição ordenadora, mas é renovada pelo exercício de um poder difuso de cidadãos que lutam livremente por suas bandeiras políticas através de um Direito que se constrói pelos procedimentos discursivos. O objetivo da igualdade é tornar-se a balança das questões sociais, de julgamento equi-

---

84. Ibid., p. 509.

librado das situações fáticas de desigualdade mediante o uso dos princípios de justiça livremente escolhidos pelo cidadão.

A democracia para Rawls, segundo Goyard-Fabre[85], é assegurar uma igualdade democrática para todos os cidadãos. A igualdade seria uma "ideia reguladora" da vida social, assim como a liberdade, reconstruindo o modelo de ideias de Kant que serve de parâmetro para o julgamento das ações sociais[86].

Rawls admite a falência dos valores absolutos e repropõe um sistema de justificação pública que dê conta do pluralismo e do multiculturalismo[87]. A democracia em Rawls é um procedimento de justificação de valores não absolutos e a possibilidade do uso do discurso público por todos; é o "fato do pluralismo" tomado em sua acepção linguística: o uso de razões de justificação para obter direitos perante o Estado.

Assim, pode-se colocar que a democracia para Rawls se caracteriza pela ideia de uma liberdade política do cidadão; pela busca de uma igualdade entre

---

85. GOYARD-FABRE, S. *Os fundamentos da ordem jurídica*. São Paulo: Martins Fontes, 2007, p. 311.

86. Ibid., p. 313.

87. BONIFÁCIO, A.C. & LIMA, N.O. A abordagem axiológica de John Rawls como meio de instrumentalização dos valores constitucionais. *Revista da Esmarn*, vol. 7, n. 1, 2008, p. 4. Natal.

os cidadãos não apenas no plano jurídico, mas no plano material (econômico e social); e também na busca por uma democracia procedimental e tolerante, onde se construam princípios de justiça (cooperação, equidade, participação cidadã, tolerância e pluralidade).

O conceito de democracia em Rawls tenta congregar elementos liberais e socialistas tais como liberdade e igualdade e, ao mesmo tempo, busca transcendê-los em prol de uma concepção de valores referenciados politicamente com base na deliberação perante as instituições públicas, onde os elementos podem se combinar e se colocar como sintéticos dependendo da decisão que as pessoas conduzirem livremente.

Nona lição

A questão do Direito Internacional em Rawls

Focaremos nesta lição em um texto de Rawls, *O Direito dos Povos* de 1999. Rawls propõe um modelo de pacificação de conflitos internacionais a partir de "virtudes liberais" – tolerância, legalidade e respeito adotados por "povos liberais", capazes de pensar soluções não beligerantes aos conflitos. No espaço público internacional deve vigorar um modelo de solução razoável de conflitos onde as pretensões de poder possam mediar posições via uma postura tolerante e capaz de assegurar os contratos firmados e a dignidade humana de todos os povos.

Para Rawls, a ideia de um "Direito dos Povos" (*Law of Peoples*) é um projeto filosófico-político que visa estabelecer condições normativas de proteção à tolerância entre os povos que, mediante reformas das práticas políticas, podem se tornar "povos liberais". Existem povos que já estão com essas condições a caminho, democracias constitucionais onde a ideia de contrato político se tornou a base da legitimação jurídica, pressupondo uma posição original em que as pessoas escolheram estar em um regime de liberdade.

A ideia de Rawls é análoga à "Paz Perpétua" de Kant: ambos partem de um contrato racional pressuposto, mas Rawls não coloca a escolha das condições políticas originais a cargo de Estados, mas de povos, que considera mais afeita a uma concepção comunitarista e de dignificação da pessoa humana e não do ente público estatal. Kant mencionava na "Paz Perpétua" um "acordo entre Estados" a fim de formar o "fundo jurídico de pacificação" (*phoedus pacificum*)[88].

O núcleo jurídico de normas que protege as condições de paz entre os povos constitui para Rawls[89] a meta que devem atingir para se caracterizarem como "povos decentes e liberais" (que respeitam a paz e a dignidade humana universal, além da liberdade individual e da igualdade entre seus integrantes), que buscam fundar uma "Sociedade Mundial de Povos Liberais"[90].

---

88. RAWLS, J. *O Direito dos Povos*. São Paulo: Martins Fontes, 2004, p. 12. Segue-se a sugestão de Stuart Mill de distinguir entre povos e Estados, uma vez que os primeiros possuem cultura e valores e os Estados são entes abstratos de Direito (pessoas jurídicas). Cf. Rawls (op. cit., p. 32ss.), isso não significa que as decisões de governo que fundem condições de cooperação internacional são ilegítimas, mas o ideal para Rawls é que a deliberação pública possa influir nessa decisão.

89. Ibid., p. 7ss.

90. Ibid.

No plano de *O Direito dos Povos* há uma segunda ocorrência da "posição original", visto que a primeira foi a que fundou o próprio Estado nacional: os povos estão com a incumbência de fundarem um novo contrato político internacional, e se situam na ideia de uma projeção de normas de regulação de interesses diferentes que razoavelmente devem ser tolerantes, evitando a pressuposta tendência "natural" para a guerra entre os povos (Rawls segue essa hipótese de Rousseau)[91].

O "Direito dos Povos" é uma "utopia realista" na visão de Rawls[92]: pressupõe que povos amantes de liberdade e igualdade já estabeleceram princípios internos de justiça pública razoável, tolerante e igualitária, e que possam alargar sua capacidade de razoabilidade normatizadora para outros povos "decentes", embora não propriamente liberais[93]. Da tolerância interna dos Estados dos povos liberais projetam-se normas para a "Sociedade Mundial de Povos Liberais". O realismo está em considerar a tolerância que já existe nas nações liberais, e que ela possa ser a base de construção de consenso com outros povos liberais e com povos "decentes"

---

91. Ibid., p. 8.
92. Ibid., p. 15.
93. Ibid., p. 18.

"não liberais"[94]. Já o caráter "utópico" está em que o "Direito dos Povos" pressupõe um alto quantitativo de princípios jurídicos abstratos que seriam transnacionais[95].

O "Direito dos Povos" deve ser construído pressupondo um ideal de razão pública análogo ao ideal de razão pública interno a cada nação: deve ser a institucionalização dos princípios escolhidos como base da sociedade; é a consideração da ideia contratualista da "posição original" de modo ampliado como modelo de representação política[96].

No plano internacional, a "Sociedade Liberal" deverá ser instituída como uma projeção de normas jurídicas para submeter as construções do fanatismo e da utopia política anti-humanitária, como a utopia nazista de Hitler e seus delírios de se conceber como um emissário de Cristo que estava a perseguir por ordem divina os judeus[97]. Entre a utopia

---

94. Alguns povos podem ser "hierárquicos e decentes", isto é, podem não ser democracias liberais, mas, embora possuam um poder centralizador, não são intolerantes ou belicosos, respeitam limites humanitários e praticam tolerância em certo grau. Rawls faz uma utopia e projeta um país imaginário com o qual povos liberais decentes poderiam dialogar reformando práticas e formando acordos graduais, o "Casanistão". Cf. RAWLS, J. *O Direito dos Povos*. Op. cit., p. 101ss.

95. Ibid., p. 23.

96. Ibid., p. 39.

97. Ibid., p. 26-27.

que impulsiona o liberalismo político para projetar fins justos e tolerantes para todos os seres humanos e nações e as utopias fascistas ou os fanatismos religiosos intolerantes, como o "Massacre do Dia de São Bartolomeu (1572)" cometido contra os protestantes na França[98], é razoável optar pela primeira. A aposta de Rawls é na tolerância como motivação do Direito Internacional e nos direitos humanos como sua finalidade.

O movimento político possibilitador da "Sociedade Mundial de Povos Liberais" deve começar na construção das democracias constitucionais em cada nação, segundo o projeto de republicanização universal e reformista de cada constituição dos Estados traçado por Kant na "Paz Perpétua" (1795)[99].

Assim como no plano interno das nações o "Direito dos Povos" exige a escolha de princípios básicos que fundam a sociedade internacional, Rawls considera que o consenso tolerante dos povos liberais e decentes poderia projetar[100]:

1) Liberdade e independência dos povos;

2) Sinceridade na firmação dos pactos, respeitando os tratados e acordos firmados;

---

98. Ibid., p. 28.

99. Ibid., p. 30.

100. Ibid., p. 47.

3) Igualdade entre todos os povos;

4) Dever de não intervenção na autonomia de cada povo;

5) Autodefesa e prioridade do pacifismo.

Sociedades liberais reconheceriam esses princípios como básicos na estrutura contratual internacional e, de um ponto de vista universal, seriam o fundamento de qualquer discurso sobre direitos humanos, que são o ponto de convergência dos ordenamentos jurídicos internacionais[101]. E exatamente por esse motivo Estados que desrespeitam os direitos humanos são intolerantes e devem ser considerados Estados "fora da lei"[102]. Povos decentes (mesmo povos hierárquicos "não liberais") têm direito à guerra de autodefesa[103] contra povos "fora da lei". Esse é um aspecto realista do "Direito dos Povos".

Direitos humanos são diferentes de direitos constitucionais dos Estados. Eles possuem um efeito moral sobre todo e qualquer ordenamento jurídico limitando violações à dignidade humana, quer a lei os preveja ou não explicitamente. Eles fazem parte da essência do "Direito dos Povos"[104].

---

101. Ibid., p. 107.
102. Ibid., p. 118.
103. Ibid., p. 121.
104. Ibid., p. 105.

Rawls[105] enumera os direitos humanos em seus atributos centrais (previstos na "Declaração Universal dos Direitos Humanos" de 1948): direito a liberdade, vida, segurança pessoal, proibição de tortura e tratamento degradante ou cruel. Depois identifica os direitos humanos erigidos a partir de convenção entre os Estados, como os que proíbem o *apartheid* e o genocídio (previstos na convenção de 1948 contra o genocídio e na de 1973 contra o *apartheid*). E por fim cogita os direitos humanos liberais estabelecidos em algumas cartas, como o art. I da "Declaração Universal dos Direitos Humanos" de 1948: igualdade, liberdade e espírito de fraternidade; ou direitos institucionais, como nos artigos 22 (que prevê a segurança pessoal) e 23 (que prevê pagamento igual por trabalho igual) da "Declaração Universal dos Direitos Humanos" de 1948.

A questão de que o "Direito dos Povos" vale sobre Estados "fora da lei" é problemática no contexto do pensamento de Rawls; é justa uma guerra contra Estados "fora da lei" que estejam desrespeitando a segurança e a liberdade de povos decentes e liberais[106], distinguindo claramente que a guerra é contra o Estado e não contra o povo desse Estado. Os direitos humanos para Rawls devem servir

---

105. Ibid., p. 104.
106. Ibid., p. 124.

de meio de pacificação e educação humanitária no pós-guerra, inclusive aos militares do Estado "fora da lei"[107], e desestimulam as razões de beligerância entre os povos dado que indicam que a tolerância e o pacifismo são base da cultura política dos povos decentes e liberais[108].

A concepção de Direito Internacional de Rawls representa o fechamento de seu sistema jurídico-político, que em analogia com o pensamento de Kant dá uma resposta aos problemas de legitimação interna e exterior do Estado, pois quando se concebe o contrato jurídico em um plano universal de validade (foro da razão pública do "Direito dos Povos") a finalidade do Direito assume uma dimensão cosmopolita e humanitária, facultando a todos os povos assimilarem em seus governos os fins do liberalismo político, que são a tolerância e a decência.

---

107. Ibid., p. 126.
108. Ibid., p. 104.

Décima lição

A herança de Rawls: um pensamento democrático e discursivo

O ponto central desta última lição é demonstrar que o pensamento de Rawls indica o fundamento da ideia de pluralismo e de tolerância para além de qualquer espécie de modelo de Estado em que não se tenha o respeito com a dignidade humana e a liberdade dos indivíduos. Ao buscar que a igualdade das minorias seja reconhecida em suas pretensões de direitos, Rawls mostrou que a Política, além de ser contratual, deve ser igualitarista – sem isso não se tem a justiça, cujo meio é a busca equitativa (razoável) dos conflitos.

O ataque a Rawls pelos liberais conservadores se deveu, em grande parte, ao caráter dialético e sintético de sua teoria, colocando em diálogo elementos socialistas e liberais, confiando na mediação do discurso razoável do politicamente correto como forma de assegurar a síntese dos elementos do debate político e de reconciliar as posições conflitantes, tal como confessa Rawls sua inspiração na dialética de Hegel[109].

Ao relacionar o Direito à Política igualitarista, Rawls foi acusado de subverter a ideia liberal do direito kantiano, onde a forma jurídica se impunha sobre a política. Todavia, na verdade, o que Rawls fez foi dar ao Direito uma teleologia: a justiça como equidade.

Antes de Rawls, a ideia de justiça estava praticamente esquecida e desacreditada no meio jusfilosófico do pós-II Guerra Mundial[110]. Sua teoria contratualista volta a focar na liberdade e na igualdade como elementos constitutivos do valor do justo, não mais pelo jusnaturalismo nem por virtudes simplesmente morais, mas por virtudes liberais de tolerância e razoabilidade, resgatando a tradição lockeana do contratualismo como meio de ação política legitimadora do Direito.

Com Rawls, a tradição contratualista se renova na ideia de procedimentalismo e de discurso público: a possibilidade de constituir uma Política racio-

---

109. RAWLS, J. *Justiça como equidade...* Op. cit., p. 4.

110. O realismo jurídico de Alf Ross, ao dizer que a justiça seria apenas um elemento de justificação da decisão de poder do juiz ao construir a norma; e o normativismo de Kelsen, ao defender a justiça como valor subjetivo e relativo a cada cultura – ambos os ideários reduziram a importância do discurso sobre a justiça e negaram a objetividade jurídica de seu valor.

nal nos moldes kantianos, mas sem o mero formalismo e racionalismo abrangentes, com a razoabilidade e a tolerância como compassos do elemento jurídico; o elemento jurídico não mais "puro" como norma, mas imbricado com a Política enquanto elemento de uma virtude política de engajamento em torno de um Direito axiológico e liberal; e um Direito axiológico e liberal não mais isento ou supostamente "neutro" do liberalismo clássico, porém a reconstrução de sua legitimidade pela ação construtiva do cidadão e do juiz ao usarem o procedimento discursivo-argumentativo conforme o ordenamento jurídico para justificarem suas posições.

O princípio da participação dos indivíduos também reaparece. Isso ocorre através do discurso construtor de valores, e não simplesmente da "democracia formal", com o direito de votar e com a sujeição formal do cidadão e do juiz – este último não é apenas a "boca da lei" como quis Montesquieu, mas um construtor de valores dentro do âmbito da lei quando ela for insuficiente para regular os casos concretos.

A herança de Rawls é a abertura discursiva do Direito ao preenchimento de seu sentido valorativo, sem desrespeitar seus limites constitucionais de autorização de ação, mas através dos procedimentos discursivos sobre o Direito. Este deve ser reconstruído em sua legitimação a cada momento em que um cidadão ou um juiz agem politicamente sob a perspectiva de concretizar valores, o cidadão propondo ações e o juiz julgando em função da igualdade democrática das bandeiras políticas (o pluralismo razoável de Rawls como direcionamento da ação judicial e da participação política do cidadão).

Rawls, ao conceber o "véu da ignorância", coloca-nos a par de uma visão do valor político como não destrutivo do Direito, mas suscetível de suspensão no momento de formação do contrato público. Partindo do radicalismo dos próprios valores, não se terá um horizonte de construção tolerante do Direito. Exercer a virtude da tolerância é meio de despotencialização dos conflitos. Pode-se discursar sobre a aplicação das normas jurídicas com base nos princípios da liberdade e da igualdade, onde o pluralismo inicial do pacto político e a necessidade de cooperação social são primordiais para a construção da justiça como equidade em sua dimensão político-liberal como a finalidade do Direito.

Conclusão

Propor o debate sobre a obra de Rawls significa recapitular a trajetória da perspectiva liberal e preparar a consecução da igualdade democrática. Desde uma crítica do liberalismo clássico como carente de um ideal de justiça política, desde a proposição do contratualismo como meio de reconstruir a legitimação do Direito pela Política participativa, desde a proposição de princípios de liberdade igual e de cooperação como base efetivadora da justiça, Rawls estabelece uma crítica à insuficiência da moralidade política "neutra" na interpretação da Constituição enquanto núcleo do ordenamento jurídico democrático.

Ao defender a razoabilidade e o pluralismo como perspectivas de concretização da justiça, Rawls dá um passo além do que se fez até então como legitimidade política. O próprio poder de justificação com argumentos acessíveis a todos perante a razão pública passa a ser coconstruído pela sociedade civil e não apenas pelo Estado, e esse é o mecanismo do procedimentalismo democrático como exercitador de razões públicas perante as instituições.

O mais surpreendente é o espírito democrático liberal que permeia toda a obra de Rawls. Esse espírito o faz progredir na luta pelo politicamente correto desde a base de sua construção, na escolha dos princípios de justiça sob o "véu da ignorância", na posição original para a formação do "consenso sobreposto", e nos instrumentos da razoabilidade e da tolerância que concretizam a doutrina do pluralismo razoável de valores no âmbito do liberalismo político.

O compromisso com a democracia pluralista e com a liberdade igual é o signo pelo qual o liberalismo político deve viver. Uma justa e equitativa ordenação social não é apenas um sonho de Rawls, pois é possível maximizar o bem comum através do Estado não tolerando arbitrariedades e injustiças, aperfeiçoando as instituições nacionais e os acordos entre povos livres e decentes, a fim de assegurar a paz com justiça igualitária para os seres humanos. Sem demagogia, agressões ideológicas, radicalismos ou populismo, e com sua defesa da justiça igualitária, Rawls pretendeu demarcar a transição para uma nova fase política de tolerância e de cooperação humanitárias como fins das instituições e como práticas dos indivíduos nas sociedades livres.

Referências

BONIFÁCIO, A.C. & LIMA, N.O. A abordagem axiológica de John Rawls como meio de instrumentalização dos valores constitucionais. *Revista da Esmarn*, vol. 7, n. 1, 2008, p. 1-15. Natal.

DAHL, R. *A democracia e seus críticos*. São Paulo: Martins Fontes, 2012.

DANTAS, C. & LIMA, N.O. A justiça política em John Rawls. *Revista dos Tribunais*, n. 920, jun./2012, p. 169-182. São Paulo.

DWORKIN, R. *Levando os direitos a sério*. São Paulo: Martins Fontes, 2007 [Trad. Jefferson Luiz Camargo].

GARGARELLA, R. *As teorias da justiça depois de Rawls*. São Paulo: Martins Fontes, 2008 [Trad. Alonso Reis Freire].

GOYARD-FABRE, S. *Os fundamentos da ordem jurídica*. São Paulo: Martins Fontes, 2007 [Trad. Cláudia Berliner].

HOBBES, T. *Do cidadão*. São Paulo: Martins Fontes, 2002.

KANT, I. *A metafísica dos costumes*. Princípios metafísicos da doutrina do Direito. Lisboa: Fundação Calouste Gulbenkian, 2005 [Trad. José Lamego].

_____. *A paz perpétua e outros opúsculos*. Lisboa: Ed. 70, 2004 [Trad. Artur Morão].

KELSEN, H. *O que é Justiça?* São Paulo: Martins Fontes, 2001 [Trad. Luis Carlos Borges].

_____. *Teoria pura do Direito*. Coimbra: Armênio Amado, 1984.

KERSTING, W. *Liberdade bem-ordenada*. Filosofia do Direito e do Estado de Immanuel Kant. 3. ed. revista e ampliada. Porto Alegre: Fabris, 2012 [Trad. Luís Afonso Heck].

LIMA, N.O. *Jurisdição constitucional e construção de direitos fundamentais no Brasil e nos Estados Unidos*. São Paulo: MP, 2009.

LOCKE, J. *Dois tratados sobre o governo civil*. Livro II. São Paulo: Martins Fontes, 2005.

NOZICK, R. *Anarquia, Estado e Utopia*. São Paulo: Martins Fontes, 2011 [Trad. Fernando Santos].

PICCO DELLA MIRANDOLA, G. *Oratio* [Disponível em http://www.brown.edu/Departments/Italian_Studies/pico/oratio.html – Acesso em 02/03/2016].

POCCOCK, J.G.A. *The Maquiavellian Moment*. Nova Jersey: Princenton University Press, 1975.

RAWLS, J. *O liberalismo político*. São Paulo: Martins Fontes, 2012 [Trad. Álvaro de Vita].

_____. *O Direito dos Povos*. São Paulo: Martins Fontes, 2004 [Trad. Luís Carlos Borges].

_____. *Justiça como equidade* – Uma reformulação. São Paulo: Martins Fontes, 2003 [Org. Erin Kelly. Trad. Cláudia Berliner].

_____. *Justiça e democracia*. São Paulo: Martins Fontes, 2002a [Prefácio Catherine Audard. Trad. Irene A. Paternot].

_____. *Uma teoria da justiça*. São Paulo: Martins Fontes, 2002b [Trad. Almiro Pisetta & Lenita M.R. Esteves].

SANDEL, M. *O liberalismo e os limites da justiça*. Lisboa: Fundação Calouste Gulbenkian, 2005.

WERLE, D.L. *Justiça e democracia* – Ensaios sobre Jürgen Habermas e John Rawls. São Paulo: Esfera Pública, 2008.

COLEÇÃO 10 LIÇÕES
Coordenador: *Flamarion Tavares Leite*

– *10 lições sobre Kant*
Flamarion Tavares Leite
– *10 lições sobre Marx*
Fernando Magalhães
– *10 lições sobre Maquiavel*
Vinícius Soares de Campos Barros
– *10 lições sobre Bodin*
Alberto Ribeiro G. de Barros
– *10 lições sobre Hegel*
Deyve Redyson
– *10 lições sobre Schopenhauer*
Fernando J.S. Monteiro
– *10 lições sobre Santo Agostinho*
Marcos Roberto Nunes Costa
– *10 lições sobre Foucault*
André Constantino Yazbek
– *10 lições sobre Rousseau*
Rômulo de Araújo Lima
– *10 lições sobre Hannah Arendt*
Luciano Oliveira
– *10 lições sobre Hume*
Marconi Pequeno
– *10 lições sobre Carl Schmitt*
Agassiz Almeida Filho
– *10 lições sobre Hobbes*
Fernando Magalhães
– *10 lições sobre Heidegger*
Roberto S. Kahlmeyer-Mertens
– *10 lições sobre Walter Benjamin*
Renato Franco
– *10 lições sobre Adorno*
Antonio Zuin, Bruno Pucci e Luiz Nabuco Lastoria
– *10 lições sobre Leibniz*
André Chagas
– *10 lições sobre Max Weber*
Luciano Albino
– *10 lições sobre Bobbio*
Giuseppe Tosi

- *10 lições sobre Luhmann*
  Artur Stamford da Silva
- *10 lições sobre Fichte*
  Danilo Vaz-Curado R.M. Costa
- *10 lições sobre Gadamer*
  Roberto S. Kahlmeyer-Mertens
- *10 lições sobre Horkheimer*
  Ari Fernando Maia, Divino José da Silva e Sinésio Ferraz Bueno
- *10 lições sobre Wittgenstein*
  Gerson Francisco de Arruda Júnior
- *10 lições sobre Nietzsche*
  João Evangelista Tude de Melo Neto
- *10 lições sobre Pascal*
  Ricardo Vinícius Ibañez Mantovani
- *10 lições sobre Sloterdijk*
  Paulo Ghiraldelli Júnior
- *10 lições sobre Bourdieu*
  José Marciano Monteiro
- *10 lições sobre Merleau-Ponty*
  Iraquitan de Oliveira Caminha
- *10 lições sobre Rawls*
  Newton de Oliveira Lima
- *10 lições sobre Sócrates*
  Paulo Ghiraldelli Júnior